Warum ich bete

Abt Odilo Lechner

Warum ich bete

Gespräche mit Gott

Herausgegeben und bearbeitet von
Michael Cornelius und Jürgen Schlagenhof

HEYNE

3. Auflage 2004

www.heyne.de
Konzept und Text: Michael Cornelius und Jürgen Schlagenhof
Fotografie: Jürgen Schlagenhof
Gestaltung: Ayse Romey
Prints: blow up SW-Fotolabor GmbH
Druck und Bindung: fgb, Freiburg
ISBN 3-453-87444-7
Printed in Germany

INHALT

Vorwort

Warum ich bete, werde ich gefragt.
Vieles geht mir da durch den Kopf:

Weil ich als Kind gelernt habe, es gehöre zu einem guten Leben, den Tag mit Gott zu beginnen und zu beenden.

Weil es beruhigend und tröstend war, wenn die Mutter vor dem Einschlafen noch mit mir betete, auch wenn es untertags Kummer und Streit gegeben hatte.

Weil ich bei manchen Gottesdiensten mich erhoben und geweitet fühlte und gestärkt aus der Kirche herauskam.

Weil diese Stärkung mir besonders notwendig schien, wenn manche Bedrohung der Nazizeit und des Kriegs mich ängstigten.

Weil ich als junger Mensch beim Nachdenken über meine Zukunft von einer höheren Instanz erfragen und erbitten wollte, eine erfüllende Antwort im Leben zu finden.

Weil ich eine unbestimmte Sehnsucht in mir spürte nach etwas Umgreifendem und Unendlichem, die ich ausdrücken wollte.

Weil ich mit 21 Jahren Benediktiner wurde und so als Lebensaufgabe ergriff, Gott zu suchen, mit ihm darum immer wieder ins Gespräch zu kommen und lobend und dankend die Schöpfung zu ihm zu tragen.

Weil ich als Priester immer wieder erfuhr, wie ich Menschen helfen konnte, wenn ich sie am Beten teilnehmen ließ und wenn ich ihnen im Segnen Gutsein zusprach.

Weil mir mit den Jahren immer deutlicher die Gefährdung des modernen Menschen vor Augen trat, dass er seine Identität verliert, dass sein Leben in die Bruchstücke verschiedenster Tätigkeiten, Berufs- und Freizeitbereiche und Lebensabschnitte zerfällt. Und da kann die Erinnerung an Einen, der mich von Anfang des Lebens begleitet hat und um meine endgültige Zukunft weiß, mir Halt geben.

Weil ich immer mehr erkenne, dass ich Mensch bin durch die Sprache als Angerufener und Antwortender, dass ich betend mich zur Sprache bringe, mein Leben zusammenfasse.

Weil ich, wenn meine Worte ohnmächtig, leer, ungenügend scheinen, mich tragen lasse von der Sprache des Volkes Gottes durch die Jahrhunderte hindurch, durch die Psalmen des Ersten Testaments und die Hymnen und Lieder der Christenheit.

Wenn das alles stimmt, muss ich mir freilich die Frage stellen: Warum bete ich dann so oft nicht? Warum habe ich so oft keine Lust dazu? Warum schweifen meine Gedanken immer wieder ab?

Vielleicht, weil so viele andere Stimmen und Bilder Ohr und Auge auf sich ziehen.

Vielleicht, weil mein Herz schon so voll ist von eigenen Vorstellungen und sich nicht gerne der Wahrheit stellt.

Vielleicht, weil es so vieles zu tun und zu besorgen gibt.

Vielleicht, weil es nicht leicht ist, bei all dem Vielen die innerste Ausrichtung auf den Ursprung zu wahren.

So kann ich eigentlich nur sagen:

Ja, ich möchte beten,

ich versuche zu beten,

ich fange immer wieder an zu beten.

Und im Beten erfahre ich, dass ich immer anfangen darf.

Abt Odilo Lechner
St. Bonifaz, München und Andechs
Pfingsten 2003

I.

Geheimnis.

Was will uns Gott sagen?

Wo fängt eigentlich das Beten an?

Der Mensch hat ein inneres Gespür dafür, dass er in einem größerem Zusammenhang steht. Er spürt eine Sehnsucht und entdeckt etwas in sich, das mehr ist als er selbst.
Es ist, als ob es schon immer in unserem Inneren betet – schon bevor wir die Gegenwart des Geistes Gottes in uns bewußt spüren.

Vielleicht kannten schon die frühen Menschen das Gefühl: Es gibt etwas Größeres, dem man sich überlassen kann. Womöglich antworteten sie auf dieses Gefühl mit ihrem Herzen. Genauso wie wir das heute tun, wenn wir beten.

Beten
ohne
Worte.

Es gibt verschiedene Formen des Gebets. Und jeder hat seine Art zu beten.
Es kann aber sein, dass wir dann, wenn wir alles zu Gott gesagt haben, was uns bewegt, ganz still werden.
Denn am Ende steht das wortlose Beten.
Weil wir spüren:

Vor dem Geheimnis Gottes kann ich nur schweigen.

Wenn ich bete, kann ich von mir aus das Meine sagen. Aber wenn ich gesagt habe, wie es mir ums Herz ist und wie es um mich steht, dann kann ich nicht auch schon die Antwort formulieren, die Gott gibt.
Wenn wir etwas sagen, dann neigen wir dazu, in dem, was wir sagen und wie wir es sagen, schon ein wenig mit zu entwerfen, was der andere sagen sollte. Aber Gottes Antwort ist immer anders, als wir sie uns zurecht gelegt haben.
Und deshalb ist es so wichtig, dass wir das Schweigen lernen, weil wir nicht wissen, was richtig ist und was Gott uns eigentlich sagen will.

Gottes Antwort.

Ankommen.

Wir sehen in der Ferne einen Horizont und fragen uns: Was ist dahinter? Was kommt danach? Wir finden Antworten auf diese Fragen. Aber der Horizont verschiebt sich immer wieder weiter, um neu mit unseren Fragen überschritten zu werden. Das ist eine Bewegung in die Unendlichkeit. Da spüre ich, dass ich über mich hinaus frage, suche, fühle. Und ich mich diesem inneren Suchen auch überlassen kann.

Genau da fängt bei jedem Menschen so etwas wie Beten an.

Das Wunder der Person.

Ich kann mich noch genau an die Eisenbahnfahrten nach Weßling am See erinnern. Dort hatte 1934 mein Vater in Vorahnung der kommenden Katastrophe ein hölzernes Wochenendhaus gekauft – als einen Zufluchtsort außerhalb Münchens. Die Wochenenden, die Sommer und später die Kriegsjahre verbrachte ich in Weßling.

Dieser Ort hat eine besondere Bedeutung für mich. Mein ganzes Leben bin ich immer wieder an diesen See zurückgekehrt, auch, um zu schwimmen.

Alles dort ist für mich voller Erinnerungen. Aber gerade weil mir alles so vertraut ist, frage ich mich oft, ob ich denn noch derselbe bin wie damals.

Da begegne ich dem Wunder der Person.

Physikalisch ist von dem Kind, das ich damals war, nichts mehr da und auch das Denken und das Fühlen hat sich radikal verändert. Und trotzdem: Das war ich, das bin ich.

Das Gebet ist für mich die Kraft, die mir geholfen hat, mein Leben als eine Einheit zu erfahren. Denn es gab immer einen, dem ich in jeder Lebenslage alles sagen konnte. Gott, der immer derselbe bleibt. Gott hat mich gesehen, wie ich war vor sieben Jahrzehnten – und Gott sieht mich, wie ich heute bin.

Indem ich weiß, dass Gott mich liebt und ernst nimmt, bejaht, finde ich auch meine Identität.
Das alles spüre ich, wenn ich bete. Und ich habe das Gefühl, dass Gottes Auge mein Leben begleitet.

So lief ich als Bub öfters auf dem Weg zur Weßlinger Kirche auf einen Hügel mit einem Kreuz, um ganz allein mit Gott zu sein.

Das Wunder der Natur.

Wenn ich im See schwimme, bin ich der Natur sehr nahe. Manchmal gibt es glückliche Momente, in denen alles zusammenschwingt. Wie schön ist das, denke ich dann. Die Wellen, das Ufer und die Sonne am Himmel. Und ich bin mittendrin. Ich bewege mich und spüre das angenehme Nass.

Wie von selbst scheint mir diese Begegnung mit der Natur in ein Gebet überzugehen. Das muss sich nicht in Worten ausdrücken.
Diese Erfahrung haben sicher viele Menschen schon gemacht, vielleicht beim Wandern oder Bergsteigen, ohne dass sie es beten nennen. Man spürt die Hand, die alles geschaffen hat. Das »O, wie schön ist das« könnte still übergehen in ein »O Gott, wie schön ist das«.

Plötzlich nehmen wir etwas Größeres bewusst wahr, das sich uns zuneigt. Ganz unmittelbar spricht es aus uns: Danke. Danke für diesen schönen Tag!

Es gibt Erlebnisse, durch die wir in uns selbst etwas entdecken, das größer ist als wir selbst.

Das kann einfach ein schöner Morgen sein, wenn ich die Vögel singen höre und den Wind über die Wiesen streichen sehe.

Einem anderen geht das bei einem guten Konzert so, dass er sich der Musik überlässt und empfindet, wie das, was von außen an sein Ohr dringt, einen Widerhall in ihm findet.

Genauso wie ich mich in der Natur als Teil der Schöpfung erfahre.
Da fängt es schon an, im Menschen zu beten.

Gott wohnt in uns.

Mit dem Geheimnis leben.

Philosophisches Nachdenken stößt auf das wissende Nichtwissen. Es gibt die alte Erkenntnis: »Ich weiß, dass ich nichts weiß.« Aber das ist nicht der Anfang, sonst blieben wir ja einfach dumm, weil wir dann sagen würden, ich muss mich nicht anstrengen, und es hat ja sowieso keinen Sinn nachzudenken.
Aber wenn ich viel nachgedacht habe, dann komme ich zu dem Punkt, wo ich sage, da gibt es etwas, das mein Denken übersteigt und ich nicht verstehe.
So wie das Nichtwissen mit dem Wissen wächst, verhält es sich auch mit dem Beten. Gott wird immer geheimnisvoller, je mehr wir uns ihm nähern.
Und so wie der Philosoph mit dem Nichtwissen tapfer umgehen kann, müssen wir das Geheimnis Gottes aushalten.

II.

Vertrauen

Gott lächelt dich an.

Wohlwollen.

In Momenten der Verzweiflung
vertraue ich darauf,
dass es jemanden gibt,
der mich liebt und anlächelt.
Diese Vorstellung
von einem
mich anlächelnden Gott
gibt mir Kraft.

Sehn-
sucht.

Im Gebet öffne ich mich für eine andere
Wirklichkeit. Da wird alles
durchbrochen,
was vordergründig
meine Welt ist
und was mich bestimmt.
Weder meine Lebensversicherung,
noch meine Intelligenz
oder meine guten Beziehungen
und mein Ansehen sind das,
wonach ich mich im Tiefsten sehne.

Und das ist eine wichtige und eine heilende Erfahrung: Es gibt nicht nur das, was ich sehe oder messen kann – sondern da ist noch etwas, das wirklich ist und das auch wirkt.

Ich vertraue Dir.

Schweigen

ist auch ein Gebet.
Da ist etwas,
was allem zugrunde liegt,
was in allem ist,
was alles ist.
Aber ich kann es nicht aus-
drücken oder begreifen.
Und so bleibt
das vertrauende

Schweigen.

Im Abschluss des »Vater unser« – »Denn Dein ist das Reich und die Kraft und die Herrlichkeit«–, wird ausgedrückt, was das innerste Ziel allen Betens ist: Das Offenwerden für die kraftvolle Wirklichkeit Gottes.

Ich wünsche mir, das Leben wäre ein Gebet.

Natürlich sind wir schwach, vergesslich und zerstreut. Wir leben nicht immer in der Gegenwart Gottes. In jedem Leben gibt es auch Gottvergessenheit.

Aber ich denke, es ist schön, das Gespräch mit Gott jederzeit wieder aufzunehmen.

Und die Zeiten des Vergessens – das können Stunden oder bei manchen Menschen auch Jahre sein –, die ich ohne Gott gelebt habe, liegen dann hinter mir.

Ich kann sie ruhig vor Gott tragen. Er hat mich auch da gesehen.

Ich kann, wenn ich den ganzen Tag sehr zerstreut war, doch am Abend sagen: Eigentlich hätte der Tag Dir gehören sollen, eigentlich hätte ich viel mehr von Dir und von dem, was Du mir schenkst, durchdrungen sein können. Denn im Gebet am Ende des Tages bitte ich: Jetzt nimm trotzdem den Tag an, ich bringe ihn Dir. Mach Du gut, was bei mir schlecht geraten ist.

Und so, wie ich im Gebet auf den vergangenen Tag zurückblicke, kann ich mich auf den kommenden Tag vorbereiten. Ich kann vorausblicken auf das, was an diesem Tag sein wird. Und kann dann sagen: Gott, ich möchte, dass alles zu Deiner Ehre geschieht und gelingt.

So gibt das Gebet meinem Leben eine Einheit.

Am Abend.

III.

Verantwortung

Beten ist eine Schule, in der man lieben lernt.

Kann man Gott lieben und die Menschen hassen?

Beten und Lieben gehören zusammen. Die Bibel gibt uns immer wieder Beispiele, wie sehr die Nächstenliebe mit der Gottesliebe verbunden ist. In den Johannesbriefen heißt es: Man kann den Gott nicht lieben, den man nicht sieht, wenn man den Menschen nicht liebt, den man sieht.

Das wahre Gebet ist eine Verbindung mit Gott, eine Verbindung mit Liebe – weil Gott Liebe ist. Deshalb hat das Gebet auch immer eine Wirkung auf unsere Beziehung zu anderen Menschen.

Das Gebet führt uns unweigerlich zu der Frage: Wie gehen wir eigentlich mit den anderen um?

Gott ist die

Liebe,

die alle liebt.

Wer zu Gott sagt: Du Herr, liebe mich, aber die anderen gefälligst nicht – der lehnt Gottes Liebe, so wie sie ist, ab. Ich kann nicht in die rechte Beziehung zu Gott treten und von ihm das gute Wort hören wollen, dass alles gut ist, auch das, was ich falsch gemacht habe, wenn ich seine Liebe nur für mich haben will und nicht will, dass sie sich anderen zuwendet. Das wird ganz deutlich in der Bitte des »Vater unser«:
»Vergib uns unsere Schuld, wie auch wir vergeben unseren Schuldnern.«

Das Alphabet,
das das Ganze des Lebens
ausdrücken kann, ist nicht aus
einem Lexikon erlernbar, sondern
nur aus dem Geist der Liebe.

Das ist das Ja,
zum Anfang und zum Ende und
zu allem, was dazwischen liegt.

Wachsen.

Ich kann nicht
im Unfrieden
mit den Menschen
leben und ganz
unbesorgt im
Frieden mit Gott.

Oft haben wir mit jemandem gestritten und merken am Abend, das es nicht recht ist und uns nicht gut tut, in Unfrieden mit diesem Menschen zu leben. Der heilige Benedikt spricht in seiner Regel davon, wie wichtig es für die Mönche des Klosters ist, am Ende des Tages, vor Sonnenuntergang in den Frieden, in die Eintracht zurückzukehren.
Das gilt natürlich für uns alle. Gott hat alle Menschen geschaffen und will, dass jeder einzelne das Leben und die Freude findet.
Natürlich gibt es Auseinandersetzungen und Feindschaften, die ich nicht von mir aus aufheben kann, weil ich über den anderen nicht verfügen kann. Aber ich kann von mir aus, durch mein Gebet, die Liebe Gottes mit hineingeben. Dadurch vollzieht sich eine tiefe Veränderung in mir, weil ich den anderen mit in den Blick nehme. Diese Kraft wirkt dann auch auf den anderen wieder zurück.

Das Gebet ist eine Waffe der Versöhnung.

In der Regel des heiligen Benedikt hat das Gebet immer auch zu tun mit unserer Beziehung zu den anderen. Da heißt es etwa: Wenn man spürt, dass ein Mitbruder auf einen wütend ist – mit Recht oder Unrecht ist dabei gar nicht wichtig –, dann soll man ihn um sein Segensgebet bitten und sich vor ihm niederwerfen, bis sich bei ihm der Ärger gelegt hat.

Das ist eine sehr schöne Geste, die man auch psychologisch verstehen kann. Ich bitte damit den anderen um sein Gebet – und dann muss er eigentlich auch davon bewegt sein. Gerade wenn er Christ ist, wird er das nicht verweigern.

Da wird also sichtbar, dass das Gebet durchaus eine Waffe ist, aber eine Waffe der Versöhnung. Der andere braucht jetzt die ganze Wut, die er hat – auf mich, weil ich sehr unsympathisch bin oder weil ich etwas falsch gemacht habe – nicht einfach wegschieben. Er kann sie Gott geben und bitten: Lieber Gott, hilf diesem Menschen, dass er sich bessert – und hilf mir, dass ich besser mit ihm auskomme.

Und so kann durch das Gebet ein neues Verhältnis zu mir entstehen.

Wer glaubt, liebt.

Fair play.

Wir sehen ja manchmal, wie sich Sportler, etwa aus Lateinamerika, vor dem Spiel bekreuzigen oder nach einem Torschuss auf die Knie fallen. Ich denke, das ist kein schlechtes Zeichen und nicht bloss Aberglauben. Es ist die ganz natürliche Überzeugung, dass ich nicht allein aus mir lebe, sondern dass mir auch von woanders her Kraft zuwächst. Mir wird manches geschenkt und ich bin dankbar dafür. Solche spontanen Äußerungen sind wichtig, nur müssen sie dann vertieft werden. Ich denke, der Fußballer, der sich bekreuzigt, erinnert sich auch daran, dass er fair spielen und seinen Gegenspieler nicht verletzen will – dies alles ist in dieser Geste, in diesem Kurzgebet mit eingeschlossen.

Der heilige Benedikt hat in seiner Regel einen Bußkodex aufgestellt, in dem er beschreibt, welche Strafen notwendig sind, damit die rechte Ordnung in der Gemeinschaft aufrecht erhalten wird. Die strengste Strafe ist der Ausschluss vom Tisch. Der Mönch soll merken, so wie er sich benommen hat, hat er kein Anrecht mehr auf die Gemeinschaft des Betens und Essens.
Aber Benedikt gibt auch Anweisungen, wie man sich um den Ausgeschlossenen bemühen soll. Der Abt kann eine Mahnung aussprechen. Dann kann er einen vertrauten Bruder zu ihm schicken, der ihn trösten und ihn vielleicht zur Änderung bewegen kann. Wenn man dies alles versucht hat und die Linderungsmittel und heilsame Strafen keinen Erfolg haben, dann soll die Gemeinschaft zu dem Mittel greifen, welches noch mehr wirkt: Das gemeinsame Gebet für diesen Mitbruder. Natürlich wurde auch vorher schon für ihn gebetet. Aber jetzt, im Bewusstsein, dass alles, was unternommen wurde, gescheitert ist, kommen alle zum gemeinschaftlichen Gebet zusammen, im Glauben, dass es eine noch größere Macht gibt.
Da wird deutlich, wie christliche Gemeinschaft vom Gebet lebt und was sie im Inneren zusammenhält.

Gott ist
auch denen
ein Freund,

die jetzt gerade
nichts von ihm
wissen wollen.

Das

Gegenteil

vom

Beten

ist

der

Fluch.

Ich muß nicht zu allem Ja sagen und alles gut und schön finden, was ich in der Welt sehe. Ich darf prinzipiell auch jemanden ablehnen, weil er womöglich etwas Scheußliches macht. Trotzdem werde ich auch in ihm noch einen Menschen sehen. Das ist vielleicht die Kunst, die durch das Gebet kommt. Denn ich darf eben nicht vergessen, dass für Gott auch dieser Mensch etwas Kostbares und Wertvolles ist. Auch wenn er ihn lieber anders hätte.

Niemand darf jemand anderes in die Hölle wünschen. Das wäre ein Fluch und genau das Gegenteil vom Beten.

Manch einer hat schon zu mir gesagt: »Also wenn der und der in den Himmel kommt, dann möchte ich nicht dort sein. Dann freut mich der ganze Himmel nicht mehr.«

Wer so denkt, hat sich dem, was Gott ist, nicht wirklich geöffnet. Gegen jemanden Ablehnung zu empfinden kann vorkommen, aber in der innersten Haltung darf ich mich nicht davon bestimmen lassen.

Unser Beten wird seine Erprobung und Bewährung dadurch erfahren, wie wir mit anderen Menschen zusammenleben.

Wenn ich mich an Gott wende,
dann verändert sich etwas in mir.

Beten ist ein Anfang.

Jeder Mensch kann durch das Beten lernen,
ein wenig mehr zu lieben.

Und jeder kleine Fortschritt darin verändert die Welt.

Ich spüre: da ist Wohlwollen.

Und das Wohlwollen dehnt sich auf der ganzen Erde aus.

Anfangen.

IV.

Wunder

Beten versetzt Berge.

Gott

ist alles

möglich.

Wir können uns mit unseren Wünschen an Gott wenden und auf Erfüllung hoffen. »Alles, um was ihr bittet im Gebet«, sagt Jesus, »ihr werdet es erhalten, wenn ihr glaubt«.

Die Voraussetzung dafür ist ein Felsen versetzender Glaube und die tiefe Überzeugung, dass Gott das auch will. Das heißt aber nicht, dass Gott jeden unserer einzelnen Wünsche erfüllt.

Denn bei vielen Dingen, die wir uns wünschen, können wir doch nicht wirklich selbst davon überzeugt sein, dass dies auch der Wille Gottes ist. Gott können wir nicht ernsthaft um einen großen Lottogewinn bitten. Das wäre dann ein naiver Glaube, dass Gott unser Handlanger ist, der alles herbeischafft, um was wir ihn bitten.

Es gibt andererseits auch Menschen, die bitten Gott um gar nichts mehr. Sie meinen, Gott würde ohnehin schon alles sehen und sowieso das Richtige tun. Aber das ist genauso falsch. Dadurch bleibt alles stehen und nichts verändert sich mehr an uns.

Ich vertraue darauf, dass Gott mir das gibt, was für mich gerade gut ist.
Jesus sagt: »Bittet, dann wird euch gegeben, sucht, dann werdet ihr finden; klopft an, dann wird euch geöffnet. Denn wer bittet, der empfängt, wer sucht, der findet, und wer anklopft, dem wird geöffnet.
Oder ist einer unter euch, der seinem Sohn einen Stein gibt, wenn er um Brot bittet, oder eine Schlange, wenn er um einen Fisch bittet?
Wenn nun schon ihr, die ihr böse seid, euren Kindern gebt, was gut ist, wie viel mehr wird euer Vater im Himmel denen Gutes geben, die ihn bitten.«

(Matthäus 7, 7 - 11)

Gott weiß,
was **gut**
für uns ist.

Demut.

Manchmal sollten wir darum beten, dass Gott uns vor unseren eigenen Wünschen beschützt. Denn keiner von uns hat den Plan von der Welt in der Tasche und weiß, wie alles im Innersten zusammenhängt. Darum geht es in dem Buch »Das Wunder des Malachias« von Bruce Marshall.

Der Benediktinerpater Malachias ist sehr fromm und wird eines Tages von der Stille seines schottischen Klosters in die Großstadt Edinburgh versetzt. Ausgerechnet gegenüber seiner Kirche befindet sich eine evangelische Kirche und der Nachtclub »Garten Eden«.

Pater Malachias kann es nicht ertragen, wie seine Schäfchen verführt werden, dort hineinzugehen. Eines Tages kommt er ins Gespräch mit seinem protestantischen Kollegen. Der ist der Meinung, dass es nicht möglich ist, in einer Welt des elektrischen Lichts zu leben und gleichzeitig an die Wunder der Bibel zu glauben.

Über diesen Unglauben ist Pater Malachias so betroffen und erzürnt, dass er ihm eine Wette vor-

schlägt: Am nächsten Abend werde er mit der Hilfe Gottes den »Garten Eden« durch ein Wunder an einen beliebigen Ort versetzen.
Vor dem Altar kniet er sich nieder und fleht Gott an: Herr, Du hast gesagt, Dir ist alles möglich. Ich glaube daran. Lieber Gott, ich bitte Dich, versetze diesen Nachtclub auf ein Riff ins Meer.
Tatsächlich steht am nächsten Tag das Tanzlokal auf dem »Bass Rock«, einem Felsen draußen im Meer. Der Pater triumphiert und ist sich sicher, wenn die Menschen sich einem so großen, so offenbaren Wunder gegenüber sehen, dann müssen sie doch glauben.
Doch er hat sich zu früh gefreut. Außer einem großen Presserummel ändert sich nicht viel in der Gemeinde. Als dann auch noch der Besitzer des »Garten Eden« mit einer hohen Schadensersatzklage droht und ein cleverer Produzent viel Geld für die Filmrechte an dem Wunder anbietet, dämmert es Pater Malachias, dass er zu weit gegangen ist.

Demütig kniet er nieder und bittet Gott darum, den Nachtclub doch wieder dorthin zurückzuversetzen, wo er immer schon war.

Am nächsten Tag ist der Spuk wieder vorbei.

Gott ist von Engeln umgeben.
Wer mit ihnen Kontakt aufnimmt,
ist Gott nahe.

Engelsgespräche.

Vor einiger Zeit vertraute mir eine angesehene Frau, Emmy von Miller, ihr Geheimnis an: »Vor jeder schwierigen Auseinandersetzung rufe ich am Abend zuvor den Schutzengel meines Gesprächspartners an und dann auch meinen eigenen. Ich bitte sie darum, die Dinge, um die es geht, mit Gott vorzuverhandeln. Dann kann ich am nächsten Tag mein Gespräch ruhig und vertrauensvoll beginnen. Alle Begegnungen, die ich auf diese Weise vorbereitet habe, sind gut gegangen.« Es gibt keine Garantie, dass solche Engelsgespräche eine Lösung für solche Konflikte sind. Aber es würde bestimmt nicht schaden, wenn wir uns in solchen Fällen die tiefere Dimension bewusst machten, die hinter unserem Wünschen und Wollen steht. Wir sind alle in ein großes Vorgespräch einbezogen. Gott kennt und liebt uns und das Wort Schutzengel drückt aus, dass wir alle unter seinem besonderen Schutz stehen. Wenn wir also diesen Hintergrund aktivieren und mit unserem Schutzengel Kontakt aufnehmen, hat das sicher eine positive Auswirkung.

Manchmal gelingt es wie durch ein Wunder, Kranke durch Gebete zu heilen und zu retten. Wenn viele Menschen für einen anderen in Not beten, entsteht eine ganz besondere Kraft, eine positive Ausstrahlung. Der andere spürt: Es gibt Menschen, die an mich denken und mich nicht aufgeben.
Die eigentliche Heilung aber ist eine Gnade Gottes und liegt ganz allein in seiner Hand.

Gesundbeten.

Das Wunder des Gebets.

Durch Gebete können wir die Welt wirklich verändern und bewegen. Wer betet, lässt die Kraft Gottes in sich herein und gibt diese Liebe und Wärme wie durch unsichtbare Hände an andere weiter. Dabei wäre es falsch, die Wirkungen des Betens magisch zu verstehen, nur weil sie nicht messbar sind. Es gibt verwandte Phänomene in der Welt der Strahlungen und Schwingungen, wo das, was auf das eine einwirkt, sich auch auf das andere auswirkt. Wie beim Geheimnis der kommunizierenden Röhren.
Wir kennen das ja auch aus dem psychischen Bereich, wenn wir spüren, da denkt jemand voller Liebe an mich, oder da ist jemand im Haus, der strahlt etwas aus und da ist dann eine gute Atmosphäre.
Umgekehrt kann jemand, der sehr böse und misstrauisch ist, alles vergiften.

Eine Welt in der gebetet wird,
ist eine bessere Welt.

Eine Welt, in der es viele gute Gedanken, viele gute Wünsche gibt, ist eine bessere Welt als eine, in der sich alle gleichgültig oder sogar Feinde sind. Und genau diesen Unterschied macht das Beten aus: Wer betet, wünscht sich und den anderen Gutes.

V.

Erfahrung

Beten macht objektiv.

Mit
den
Augen
Gottes
sehen.

Gewöhnlich sehen wir uns als Mittelpunkt der Welt.

Was uns nicht betrifft, das existiert für uns auch nicht.

Erst in Gesprächen und Begegnungen mit Menschen merke ich, dass es noch andere Sichtweisen gibt.

Und wenn ich mich wirklich auf die anderen einlasse, relativiert sich mein Standpunkt.

Wenn ich das Beten ernst nehme und die Dinge mit Gottes Augen sehe, dann gelingt das noch auf viel radikalere Weise.

Mit dem Blick des liebenden Gottes sehe ich, wie die Dinge wirklich sind.

Und öffne mein Herz für alle anderen.

Sich dem stellen, was ist.

Wer betet sieht klarer,
weil das Gebet
keine Flucht,
kein Narkotikum
oder Verdrängung ist,
sondern Selbsterkenntnis
im Angesicht Gottes.

Voll Unrast ist oft mein Beten.

Die Gedanken enteilen dahin und dorthin.

Da ist es hilfreich, einfach weiterzubeten, dieselben Worte zu wiederholen, zu einem Wort immer wieder zurückzukehren, mich daran festzuhalten: an dem Wort Jesus, der mich rettet, an den Bildern seines Lebens und Sterbens, seines Auferstehens und Weiterwirkens.

Wie zwei Liebende, die einander tausendmal sagen »Ich hab dich gern« und dabei sich nichts Neues mehr mitteilen, aber dies eine immer tiefer erfahren.

Hingabe.

Gottes Geist in sich entdecken.

Augustinus hat gesagt:
Wenn du die Wahrheit suchst, dann geh in dich.
Die äußeren Sinne können täuschen.
Im »Inneren Menschen« wohnt die Wahrheit.
In ihrem Anblick aber, überschreite auch dich selbst.

Plötzlich stoße ich darauf,
dass ich mich nicht selbst machen
oder mich nicht selbst erschaffen kann.

In dieser Erfahrung,
dass ich ein geschenktes Wesen bin
und das Dasein empfangen habe,
da überschreite ich mich.

Ich öffne mich der Quelle und spüre: Alles hat einen Zusammenhang.

Gott ist einfach.

Bibel

Der stehende Augenblick.

In der mystischen Erfahrung ist alles eins. Im Wurf eines Augenblicks erfahre ich Ewigkeit und Unendlichkeit. Ich habe den Eindruck, da ist nicht Sekunde an Sekunde aneinandergereiht, sondern dieser Moment hat jetzt Bestand.

Bevor alles auch schon wieder weg ist, sehe ich: Da ist es, was alles zusammenhält. Und das wäre, wenn man will, die Erfahrung Gottes.

Von dieser glücklichen Erfahrung kann ich später in meinen Gebeten immer wieder ausgehen.

Bitte.

Hilde Domin spielt in dem Gedicht »Bitte« auf drei wunderbare Begebenheiten des alten Testaments an: Die Sintflut, die Jünglinge im Feuerofen und Daniel in der Löwengrube. Für die Dichterin sind das Beispiele, die zeigen, dass wir vor dem, was uns bedrängt und bedroht, oft nicht bewahrt werden können. Es nützt nichts, sagt sie, darum zu bitten, von allem verschont zu bleiben. Denn schwierige Situationen sind Teil unseres Lebens. Aber es ist richtig, um die Kraft zu bitten, durch das Schlimme hindurchgehen zu können und es zu überstehen.
Der Löwe hat dem Daniel nichts getan, das Feuer hat die Jünglinge nicht verbrannt und das Wasser hat am Ende die Arche Noah nicht verschlungen. Sie sind alle gerettet worden, aber dennoch haben sie Wunden empfangen. Dadurch wurden sie, »immer versehrter und immer heiler«. Das Gebet kann mir Kraft geben, im Leben zu bestehen. Genauso wie es mir das Vertrauen geben kann, dass ich vielleicht im Leben verletzt und versehrt, aber dadurch zugleich auch immer heiler werde. Womöglich erkenne ich sogar zuletzt: Das alles gehört zu mir und macht mein Leben aus. Und ich werde dadurch immer mehr ich selbst.

Loslassen.

Im Gebet kann ich, wenn ich loslasse und mich Gott überlasse, frei werden. Ich kann das anschauen, was ich sonst nicht anschaue: Was ich nicht wahrhaben will, vor dem ich Angst habe oder was meinen Verstand blockiert.
Das, was für mich das Schlimmste ist, kann ich im Gebet annehmen und verwandeln.

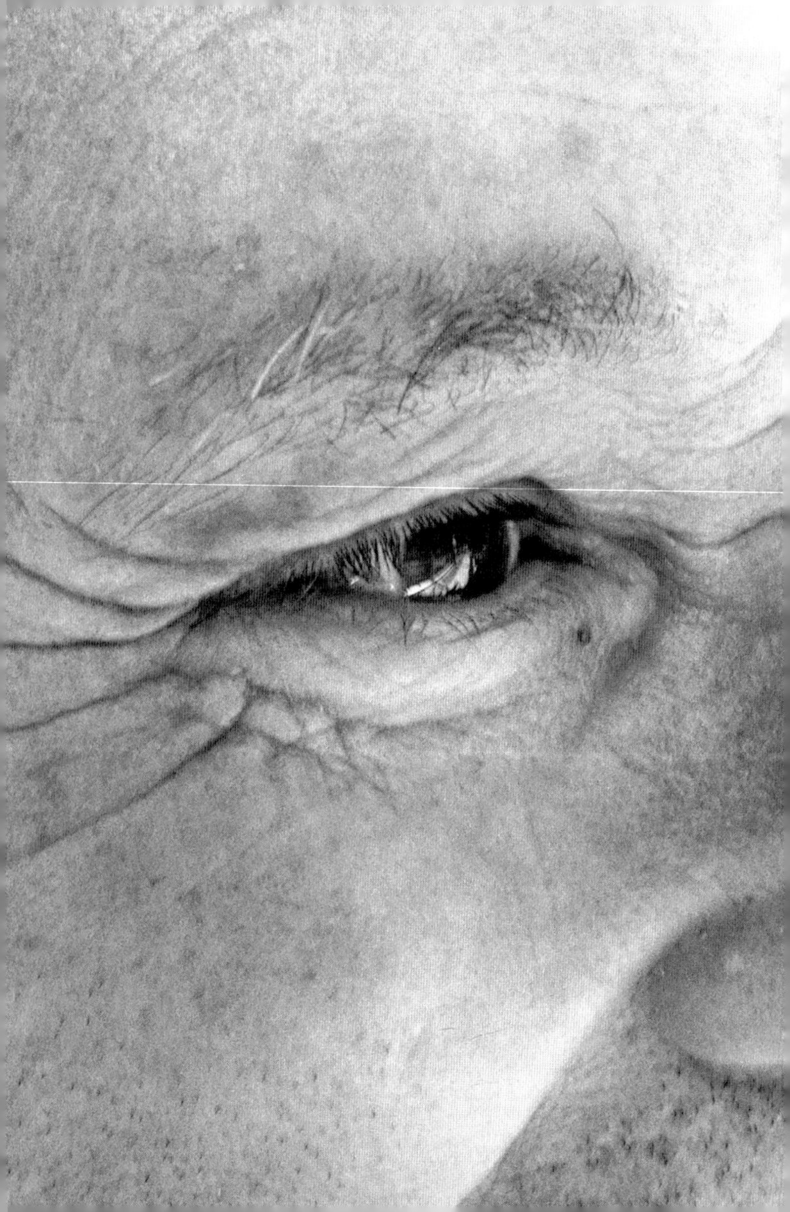

VI.

Begegnung

Wer mit Gott spricht, verändert sich.

Wer betet,
wird ein

anderer.

Aus dem Gebet gehe ich als ein anderer heraus, als ich hineingegangen bin. Wenn ich im Gebet genauso bliebe wie ich vorher war, dann habe ich nicht recht gebetet.
Das ist wie bei allen Gesprächen. Eine gutes Gespräch verändert mein Bewusstsein. Denn wenn ich mich auf das Gespräch eingelassen habe, dann habe ich auch andere Gesichtspunkte gehört. Dadurch werde ich anders. Wenn ich genau derselbe bleibe, dann haben wir nur aneinander vorbeigeredet und nichts voneinander angenommen.
Auch mir geht es bei Diskussionsrunden so, dass ich gerne als Sieger das Podium verlasse. Aber wenn ich dann heimgehe, merke ich, dass die Argumente des anderen vielleicht gar nicht so schlecht waren. Sie wirken in mir nach. Bei der nächsten Gelegenheit verwende ich die Argumente des anderen womöglich sogar selbst, weil sie mir eingeleuchtet haben. So machen wir Fortschritte im Gespräch. Und auf ähnliche Weise machen wir Fortschritte im Gebet.

Gott korrigiert uns.

Ich denke, Reue ist etwas Wunderbares. Wenn ich etwas falsch gemacht habe oder mich schlecht benommen habe, kann ich mich davon distanzieren. Es tut mir leid, dass ich das getan habe. So kann ich es vor Gott hinstellen. Ich kann es selbst betrachten und sagen: Ich habe mich einem anderen Menschen gegenüber ganz abscheulich benommen. Ich gestehe das ein, und dadurch wird etwas in mir zurechtgerückt. Ich kann es nicht ungeschehen machen, aber es verliert seine unabänderliche Belastung.

Wie ungenügend und leer
sind meine Worte beim Beten!

Aber ich bete ja nicht allein:
Andere beten mit,
die Gemeinschaft, in der ich lebe, betet mit,
die ganze Christenheit betet,
die ganze Schöpfung
atmet ein verborgendes Seufzen und Jubeln.

Vor allem ist da der eine:
Jesus, der Mensch,
der zutiefst mit Gott verbunden ist,
der diese Verbundenheit ins Wort brachte
und in seinem Leben zeigte.

Und er ist Gegenwart:
Wie dürfen sein Wort nachsprechen und haben
Zugang zum Vater.

Freude.

Gott
erwartet
unsere
Antwort.

Die Bibel ist eine gute Schule des Betens. Weil sie mir zeigt, wie andere gelebt und gebetet haben. Aber vor allem ist in der Bibel der Anruf Gottes zu spüren. Besonders in den Erzählungen vom Leben und Wirken Jesus merke ich: Damit bin auch ich gemeint. Gott spricht mich an – und die Art und Weise, wie ich lebe und bete, sind meine Antwort.

Bitten.

Es gibt die Gefahr, dass man das Beten als eine Sache des Menschen allein mit dem lieben Gott sieht, und sagt, »jetzt vergesse ich alle, die mich umgeben oder ärgern und ich rede alleine mit Gott.« Manchmal wird das Gebet sogar als etwas Menschenfeindliches benutzt. Wir finden Beispiele dafür auch in klassischen Gebetstexten wie den Psalmen, wo einer sich von Feinden bedroht fühlt und dann merkt, dass er im Kampf unterliegen wird – und deshalb den lieben Gott zu Hilfe ruft, damit er die Feinde schlägt. In solchen Bitten steckt natürlich etwas ganz Menschliches. Ich kann mich noch an die Sonntags-Gottesdienste in meiner Kindheit erinnern. Ich war im Zweifel darüber, ob ich mehr für gute Noten in der Schule beten sollte oder dass der örtliche Fußballverein gewinnt. Da waren dann die Gebete manchmal auch gegen andere gerichtet: »Lass mich der Beste sein, lass lieber andere die Fehler machen«, oder »schau, dass die andere

Fußballmannschaft am Tor vorbeischiesst«.
Da sieht man, dass ich versucht war, Gott anzuflehen, um Konkurrenten aus dem Weg zu räumen. Das ist zunächst gar nicht so schlimm. Die Psalmen lehren uns, dass wir alles, was uns bewegt, zunächst einmal Gott sagen dürfen.
Aber das wirkliche Gebet führt dann weiter. Denn, wenn ich mich auf ein Gespräch mit Gott einlasse, merke ich früher oder später, dass er ein Gott ist, der nicht nur mich, sondern auch den anderen liebt. Wenn ich also wirklich mit Gott spreche, dann wird mir dieser Gedanke von selbst kommen.
So kann ich mich erinnern, dass ich bei solchen Gebeten meine egoistischen Wünsche oder Träume revidiert habe. Ich habe gemerkt, es ist doch nicht so wichtig, ob jetzt unsere Mannschaft gewinnt oder nicht. Es gibt für Gott Wichtigeres und auch für mich Wichtigeres.

Wenn wir Gott
begegnen, ist das
ein Geschenk.

Gottvertrauen.

Durch alles, was wir tun, verändert sich die Wirklichkeit. Was verändert sich aber durch das Gebet? Die naive Vorstellung wäre ja, dass ich durch Gebete Gottes Willen verändern kann. Wenn ich zum Beispiel einen Ausflug machen will und bitte: Lieber Gott, lass es doch schönes Wetter werden und schieb` die Wolken beiseite. Natürlich ist das unmöglich, weil ich Gottes Absichten nicht verändern kann. Deshalb liegt die Veränderung eben bei mir. Ich werde anders. Ich erkenne, dass ich das Wettermachen nicht selbst in der Hand habe und werde aufnahmebereiter für das, was mir von Gott geschenkt wird.
So ist das bei allem. Ich kann in großer oder kleiner Not um Hilfe beten, etwa vor einem Examen. Aber dadurch wird mir Gott nicht das einsagen, was ich nicht gelernt habe, oder den Prüfer genau das fragen lassen, was ich weiß. Aber durch das Gebet werde ich ruhiger und gelassener. Im der Begegnung mit Gott kann ich Kräfte in mir aktivieren, indem ich mich von seinem Licht tragen lasse.

Herr Abt, wie ist das, wenn man Gott getroffen hat?

Kann ich Gott suchen? Und finden? Und wie ist es, wenn ich ihn gefunden habe? Mehrmals schon haben mir Menschen diese Fragen gestellt. Einer, an den ich mich besonders gern erinnere, hat während einer Lesung sogar gesagt: Es reiche ihm nicht, wenn er Gott sein ganzes Leben lang suchen müsse, er wolle ihm schließlich ja auch mal begegnen. Der ganze Saal lachte. Meine Antwort gab ich ihm aus der Erfahrung von Bergwanderungen. Das Gipfelerlebnis in den Bergen ist etwas Schönes. Aber ich kann nicht immer oben bleiben.
Doch ich weiß, ich kann wiederkommen und es gibt noch genügend andere Berge, die ich besteigen kann. Dann gehe ich wieder runter in meinen Alltag. Da gibt es auch Nebel und Regen.

Aber wenn ich die Sonne einmal gesehen habe, weiß ich, dass es sie gibt, auch wenn Wolken da sind.
Es gibt diese Erfahrung, dass ich mich relativ mit mir und mit Gott eins fühle und das Beglückende des Daseins spüre. Doch das Beglückende entschwindet wieder, aber die Erinnerung daran bleibt. Sie ist in mir aufgehoben und ich weiß, ich kann diesen Moment des Glück wieder suchen und finden.
So sind wir unser Leben lang auf der Suche. Es ist aber nicht so, dass wir Gott nie finden. Wir werden etwas von ihm finden und etwas von ihm entdecken – aber nie die Fülle und Unendlichkeit Gottes.

VII.

Zweifel

Gott darf man alles sagen.

Mein Gott,
mein Gott,
warum hast
Du mich
verlassen?

Es kann sein, dass ich mich in tiefster Verzweiflung an Gott wende und ihn sogar anklage:

»Warum hast Du mir einen lieben Menschen genommen, der so gut war, und lässt die bösen Menschen leben? Warum greifst Du nicht ein in die Ungerechtigkeit der Welt? Bist Du überhaupt da? Hörst Du mich nicht?«

Wir brauchen uns nicht zu schämen, wenn wir uns in dieser Weise an Gott wenden. Wir dürfen Gott im Gebet alles sagen, was wir empfinden und was uns bedrängt. Das tut gut.

Das ist das Ende.
Alles ist aus
und vorbei.
Aber Du,
der alles sieht,
bist noch da.
Gib mir die Kraft,
das durchzustehen.

Weil Gott mich sieht, wie ich bin, kann ich auch alles vor ihm aussprechen, was ich empfinde. Wenn ich schreie: Das ist so ungerecht! ,– schaut Gott mich vielleicht ruhig an. Nicht verachtend, aber womöglich doch leise lächelnd mit der Frage: Ist es denn wirklich so schlimm, geht deswegen die Welt unter?

Handeln.

In dem Buch über das Leben des heiligen Benedikt erzählt Gregor der Große auch von den Zweifeln des Mönchsvaters. Die Gebete des heiligen Benedikt wurden nicht immer erhört. Das Kloster Montecassino wurde trotz all seiner Bitten von den Langobarden zerstört.

Gregor der Große berichtet, wie Theoprobus, der mit Benedikt befreundet war und sein Vertrauen genoss, eines Tages in dessen Zelle kam und sah, wie Benedikt bitter weinte.

Als die Tränen kein Ende nehmen wollten, fragte er ihn nach dem Grund seiner Trauer. Benedikt antwortete: Das ganze Kloster, das ich erbaut und für die Brüder eingerichtet habe, soll nun nach dem Willen Gottes den fremden Völkern preisgegeben werden.

Und dann fügte Benedikt noch hinzu: Nur mit Mühe habe ich noch erreichen können, dass mir das Leben der Brüder zugestanden wurde.
Da sehen wir: Wir können zutiefst traurig und voll Kummer sein, weil die Wirklichkeit einen anderen Lauf nimmt, als wir denken.
Benedikt glaubt, er baut im Auftrag Gottes ein Kloster auf und muss dann ohnmächtig zusehen, wie es zerstört wird.
Und das passiert auch uns immer wieder: Dass wir nicht so einfach damit einverstanden sind, was nach der Vorsehung Gottes geschieht. Aber vielleicht können wir, wie es Benedikt tat, mit Gott etwas handeln – so wie er wenigstens erreicht hat, dass keiner der Mönche getötet wird.

Wenn ich keine Fragen mehr an Gott stelle, weil ich glaube, es gibt keine Antworten, werde ich gleichgültig und bin zu keiner Änderung mehr fähig. Ich nehme dann alles einfach so hin wie es ist, obwohl mein Herz mir etwas anderes sagt. Ich bleibe an der Oberfläche stehen und lasse mich nicht darauf ein, dass es noch eine tiefere Wirklichkeit gibt, die auch Veränderung bringen könnte. Wenn ich aber die Trauer darüber zulasse, dass vieles anders ist, als es sein sollte, und Fragen stelle, dann bin ich in Bewegung.

Bewegung.

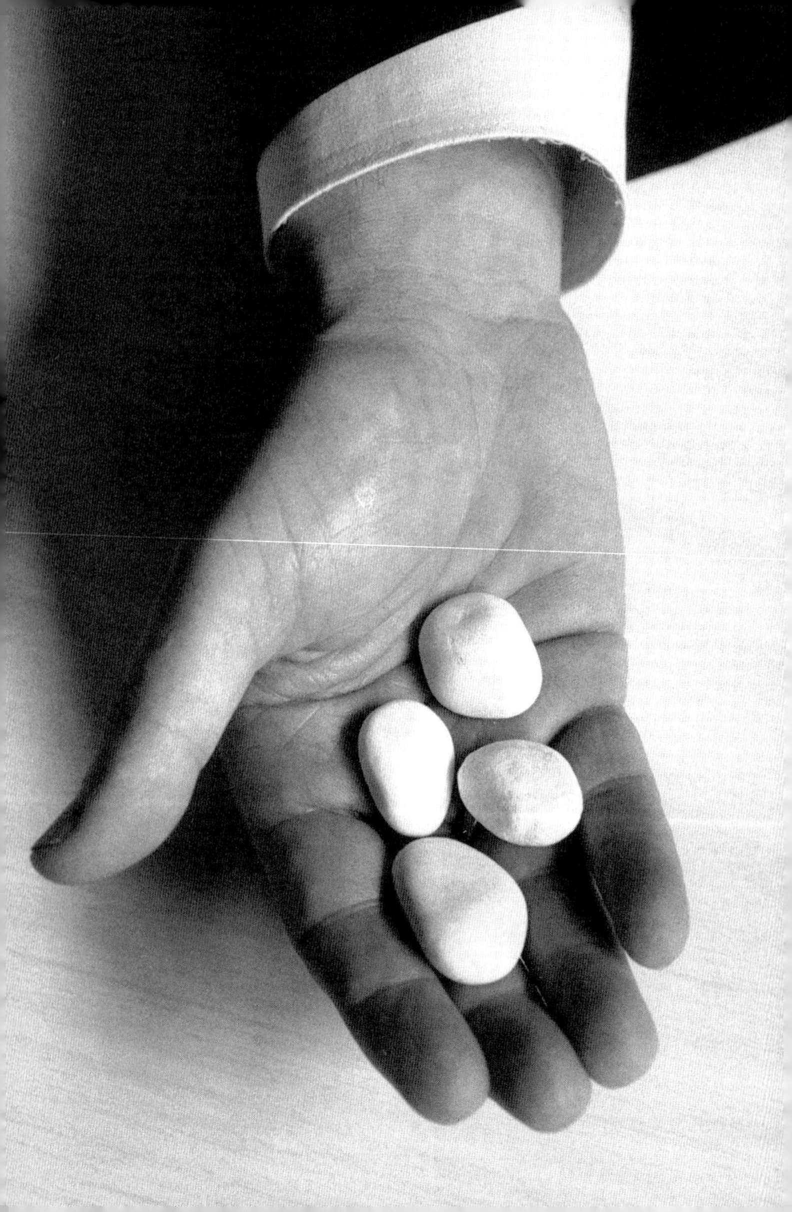

Auch für Mönche besteht die Gefahr, dass das Beten zur Routine wird. Dann nimmt man das, was man selber macht und denkt, wichtiger als Gott. Keiner ist von dieser Gefahr ausgenommen. Ich kann der Macht, dem Geld oder der Eitelkeit dienen wie einem Götzen. Als Glaubender habe ich die Möglichkeit, das immer wieder zu korrigieren. Denn das Ziel, auf das uns Gott hin führen will, ist: wahrhaft Mensch zu sein.
Schwieriger ist das für den, der nicht an Gott glaubt: Der ist viel mehr den scheinbaren Göttern ausgeliefert. Wenn einer nur der Vermehrung seines Vermögens nachjagt und es für ihn nichts anderes mehr gibt, als die Aktienkurse zu studieren, dann gibt es keine Instanz über seinem Handeln.

Welchen Weg soll ich gehen?

Wir sind oft in Situationen und Umständen des Lebens, in denen wir uns mit einem Problem an Gott wenden, weil wir nicht wissen, wie wir uns verhalten sollen. Wir suchen Antworten und haben oft den Eindruck, dass wir nichts hören. Dass Gott nichts sagt.

Wenn wir dieses Gefühl haben, hat es keinen Sinn, sich selbst zu täuschen und voreilig zu sagen, Gott will, dass ich so oder so handle. Denn das würde vielleicht nur meinen Gedanken und Wünschen entspringen. Erst viel später merke ich dann: Gott hat es eigentlich nicht so gewollt.

Deshalb ist beim Beten dieses lange Schweigen durchaus wichtig.

Aber selbstverständlich muss ich manchmal Entscheidungen treffen und handeln.

Da kann es hilfreich sein, zu sehen, ob man mit anderen übereinstimmt, die unabhängig von uns gesucht, gefragt und gebetet haben. Wir merken dann, sie haben denselben Eindruck: Ja, Gott will das jetzt von uns.

Neben der Orientierung an den Erfahrungen von anderen brauchen wir immer wieder auch die eigene Vergewisserung.

Wir müssen unsere Vorhaben im Leben erproben und sehen, ob das Leben zeigt: Dies ist ein Weg, den ich gehen kann.

Aber eine absolute Sicherheit für unsere Entscheidungen haben wir natürlich nicht. Dann gibt es das Wort Gottes in der Bibel, die in der Heilsgeschichte gemachten Erfahrungen, an die ich mich halten kann.

Und je mehr ich zur Übereinstimmung komme, etwa mit dem was Jesus gesagt hat, desto sicherer kann ich sein: Ja, so will es Gott von mir.

Hoffnung.

Ich habe für das, was ich für gut halte, gebetet und mich dafür eingesetzt, dass es geschieht. Das letzte Urteil aber steht mir nicht zu.
So geht es auch Jesus, der am Ölberg steht und Gott bittet: »Laß diesen Kelch an mir vorübergehen.« Obwohl sich alles in mir sträubt, weil ich sehe, dass sich das Gute nicht durchgesetzt hat und ich das als Niederlage empfinde, muss ich zuletzt doch einsehen: »Nicht mein Wille geschehe, sondern der Deine.« Gottes Ratschluss können wir nicht begreifen. In seiner Schöpfung gibt es das Gute und das Böse, weil es auch die Freiheit gibt. Die freie Entscheidung von Menschen, die immer wieder auch das Falsche und das Böse wählen.
Es gibt keine Garantie, dass immer alles gut wird. Manchmal bleibt uns nur zu sagen: Jetzt nehme ich das an. Und die Hoffnung: Vielleicht bleibt mir noch Raum, wenigstens etwas zu verbessern.

€ 0.55

VIII.

Dankbarkeit

Wie schön, dass du da bist.

Das einfachste Gebet der Welt:

Danke!

Theoretisch wissen wir, Gott ist immer und überall da. Aber das Leben nimmt uns mit allem Möglichen in Beschlag und wir vergessen, dass Gott uns begleitet und der letzte Grund von allem ist.
Aber dann gibt es Augenblicke, wo uns durch eine Ahnung oder ein Gefühl die Anwesenheit Gottes unwillkürlich bewusst wird.
Ich erinnere mich an Bergtouren, bei denen ich voll damit beschäftigt war, den rechten Weg zu finden und meinen Gedanken nachzuhängen. Doch dann schaue ich auf und blicke plötzlich in die Weite des Tals und sehe, wie die Sonne durch die Wolken bricht. Das ist ein überwältigender Moment und ich höre meine innere Stimme sagen: Ach, wie herrlich, wie schön ist das. In diesem »wie schön ist das« drückt sich ein Staunen, aber auch Dankbarkeit und Freude aus – und das ist im Grunde schon ein Gebet.

Dankbarkeit öffnet dir die

Augen.

Etwas geschenkt zu bekommen und das bewußt anzunehmen ist eine wunderbare Erfahrung, durch die sich unsere Wahrnehmung verändert.

Wenn mir jemand eine Rose schenkt, dann weiß ich, der hat diese Rose für mich gebracht.

Aber die Blumen in der Natur, über die ich mich bei einem Spaziergang im Wald freue, hat niemand extra da für mich hingesteckt – oder eben doch.

Während ich die Schönheit dieser Blumen erfahre und Dankbarkeit in mir aufsteigt, habe ich dieses Gefühl, dass sie nicht einfach nur vorhanden sind, sondern auch mir zugedacht sind.

Als ob mich Gott durch die Natur ansprechen würde – und mir sagen wollte: Du bist ein Teil der Schöpfung.

Gott ins Spiel bringen.

Loben und Danken führen in unserer modernen Welt ein Schattendasein. Weil wir die elementare Wahrnehmung verlernt haben, dass uns vieles geschenkt wurde – und dass die Antwort darauf der Dank ist.

Dankbarkeit verändert uns. Und das Gebet ist der Ausdruck dieser veränderten Haltung zur Welt und zu anderen Menschen.

In wunderbaren Momenten kann ich erleben,
wie alles zusammenpasst.

Danken
und Bitten
sind
Urformen
des Gebets.

Danken
ist die Antwort auf das
Geschenk des Lebens.

Im Bitten
vertraue ich mich einer Kraft
an, die meine Begrenztheit
übersteigt.

Gott ist da.
In allem,
was ich tue.

Gott ist die Melodie, die unser Leben begleitet. Er ist immer da – so wie Menschen, die sich gerne haben, aneinander denken und sich spüren, auch wenn sie räumlich voneinander getrennt sind. Der Alltag gelingt uns besser, wenn wir wissen, da ist jemand, der mich gern hat. Wir werden aufmerksamer für die Menschen und die Dinge, die uns umgeben. Unsere Zuversicht wächst.

Ich sage dir,

Gott hat dich gern

Im Segnen drückt sich der Glaube an das wirkende Wort Gottes aus. Im lateinischen heißt »benedicere«, wörtlich: das Gute sagen. In diesem Sinne bedeutet segnen, das Gute von Gott her zusagen.

Es ist ein spezielles Gebet und wichtig, weil es die guten Wünsche und das gute Denken ausspricht.

Ich sage nicht nur: ich wünsche dir das. Ich sage: Ich wünsche dir, dass Gott dich erfüllt. Ich sage dir das im Namen Gottes zu, als sein Botschafter.

Amen.

Es soll gelten, was ich da gesagt habe.

Literaturhinweis

»Die Regel des heiligen Benedikt«,
Beuroner Kunstverlag

»Der heilige Benedikt«,
von Gregor der Große
EOS Verlag, St. Ottilien

»Die Bibel«,
in der Einheitsübersetzung, Katholisches Bibelwerk